L41
b
4012

PRÉCIS
POUR

Claude-Antoine MINARY, Officier-Municipal de la Commune de Levier, Diſtrict de Pontarlier, Département du Doubs;

Et Genevieve CARNOT, dite Carqueline, femme de Jacques-François Maire, auſſi de ladite Commune, préſentement détenus en la Maiſon de Juſtice de Beſançon, & deſtinés pour le Tribunal-Révolutionnaire, ſéant à Paris.

VICTIMES de la cabale ou de l'erreur, les deux détenus vont être traînés au Tribunal-Révolutionnaire, avec le calme & la ſécurité qui caractériſent l'innocence. C'eſt dans ce ſanctuaire redoutable aux traîtres, aux faux freres, où l'honnête Citoyen triomphant de la calomnie & de l'oppreſſion, reconnoît la juſtice Nationale.

FAITS.

Le 25 Prairial dernier, un particulier nommé Chambart, Marchand roulant, demeurant à Pontarlier, célibataire & sociétaire avec plusieurs individus qu'il dit être ses freres, entreprenant toutes les branches de commerce à la fois depuis le principe de la révolution ; passa au village de Levier, accompagné d'un nommé Odobel, déposant en sa faveur, conduisant chacun une voiture. Arrivés aud. lieu de Levier, dans une auberge, Chambart plus entreprenant, fit un pari hautement & public, de renverser avec éclat une croix encore existante alors dans le cimetiere, au milieu du village. L'objet de cette gageure fut de vingt livres.

En effet, bien-tôt après, ce projet s'exécuta en présence de plusieurs femmes, spectatrices dociles & silencieuses. La croix renversée, Chambart brisa le Christ qui y étoit attaché, en plusieurs pieces, proférant les mots les plus scandaleux aux oreilles de ceux que la raison n'avoit encore pu atteindre. Cette scène se passe sans opposition ni contradiction, à cela près de quelques murmures échappés tout bas. L'opération achevée le pari est gagné, & alors Chambart avec son compagnon de voyage, reprennent leur chemin qu'ils continuent. Mais arrivés à l'extrémité de l'endroit, ils entendent des cris, des huées faites par des femmes & des enfans. (Ils eurent dû continuer leur marche). Chambart devient furieux, il abandonne sa voiture, retourne sur ses pas, menace tous ceux qu'il rencontre, singulierement les femmes & enfans, qui à son aspect, rentrent dans leurs foyers. Mais toujours animé il continue & dirige ses pas jusque dans le centre de l'endroit. Là, redoublant d'efforts, il vomit des imprécations en tous genres. Il menace hautement *de raser le village, ajoutant qu'il falloit le détruire par le feu.*

Ces dernieres paroles agitent les esprits déjà échauffés & excitent une fermentation générale dans une assemblée de femmes (1), qui ne pouvant résister à l'impétuosité de leur caractere bouillant, poursuivent Chambart l'attrapent & le

----

(1) *Cette assemblée étoit de coutume & avoit pour objet ce qu'on appelle en terme local, le commun de la Fromagerie.*

frappent. Celui-ci, pour fe fouftraire à une fuite férieufe, dont à fon tour il étoit menacé, parvient à fe débarraffer. Mais comme la chaleur du tumulte augmentoit, il court au corps-de-garde, qu'il prend pour refuge, fous la furveillance & protection des Citoyens patriotes, qui étoient alors de garde. Les femmes l'y pourfuivent & veulent l'en arracher (1). Minary, officier municipal (c'eft le détenu) qui venoit de faire le recenfement du vin, entend du bruit, il accourt au corps-de-garde, parle à Chambart, veut le débarraffer en effayant en vain d'écarter la foule. Il fait des repréfentations, fa voix fe perd dans la multitude. Il fent dès-lors que fes efforts feront nuls & fans effets. Il craint d'ajouter au trouble, il croit que fon filence fera une prudence. Comme c'étoit l'après-dîner d'un beau jour, il fe perfuade que tous fes collégues feront aux travaux de la campagne. Il fe croit feul dans fes fonctions, il s'effraye & craint pour lui-même. D'ailleurs Minary eft un de ces

---

(1) *Ce corps-de-garde, l'unique de la Commune, est peu solide, étant construit en planches, et ne sert que momentanément.*

hommes qui ne connoiffent rien en fait d'affaires & qui ne font en place qu'à raifon de leur civifme & de la plus intacte probité.

Revenons à Chambart. Il eft au corps-degarde: une multitude compofée d'environ 300 *femmes*, tourne, s'agite, & veut forcer l'entrée. Soit crainte, raifon, ou parce que les repréfentations de Minary avoient prévalu, l'orage s'appaife, le tumulte s'éclipfe tout doucement. Les citoyens de garde très-prudens veulent profiter de ce moment de calme, ils invitent Chambart à fortir & lui en facilitent les moyens. Celui-ci s'opiniâtre, refufe conftamment en demandant juftice (1). Bientôt après le tumulte renaît ; le groupe groffit, il fe raproche, l'effervefcence devient fans bornes ; les femmes, femblables à des lionnes, fe preffent, fe jetent fur le corps de garde, la porte ne peut réfifter. Maîtreffes du pofte, elles atteignent Chambart par les cheveux, il fe débat ; le malheur alloit venir à fon comble lorfque les Citoyens de garde redoublerent d'effort & de

───────────────

(1) *Ce fait eſt conſigné dans la dépoſition d'Athanaſe Gachot.*

prudence : ils débarraffent Chambart & lui don- nent les moyens de fe fouftraire à cette fureur, par une cour voifine qui le conduifit dans les froments.

Avant de paffer aux faits & circonftances qui ont précéde & fuivi cet événement, il eft bon de dire deux mots fur le compte de Genevieve Carnot, auffi détenue.

Elle n'etoit point au commencement de cette rixe dont elle n'apprit les motifs que par plu- fieurs femmes qui furent enfemble la chercher, & qui fans doute lui exagérerent les chofes pour lui infpirer plus d'aigreur.

Il y a fur le compte de cette femme, des fingu- larités remarquables qui militent en fa faveur, elle eft patriote par excellence, bonne epoufe, mère de fix enfans, dont cinq vivans tous en bas âge; elle a fervi en qualité de Dragon pen- dant trois ans, elle porte des bleffures, marques honorables de fa bravoure & de fes exploits guerriers, qui juftifient cette vérité.

Elle eft furnommée le Dragon, par toutes les femmes du canton dont elle eft la plus hardie, mais peut-être la plus judicieufe. Elle a la taille

& l'accent mâle & femble par conféquent plus téméraire que les femmes ordinaires. Cette raifon eft à remarquer, puifqu'elle a pu déterminer les dépofitions faites contre elle. Mais on jugera fa moralité, fes actions, & non les apparences trompeufes.

Le lendemain de la fcéne, c'eft-à-dire le 26 Prairial, Chambart fit fa déclaration fur les mauvais traitemens qu'il avoit effuyés. L'adminiftration de Diftrict de Pontarlier prit un arrêté par lequel il fut ordonné que des Commiffaires fe tranfporteroient en la commune de Levier, pour prendre des renfeignemens & recevoir les dépofitions des Citoyens qui avoient connoiffance des faits. En effet, tous ceux appellés ont dépofé volontairement ; un feul a dépofé contre Minary : c'eft le nommé Athanafe Gochot, dont on a déja parlé à l'occafion de l'obftination de Chambart. Cette dépofition ne mérite aucune efpece de confidération par rapport à celui qui l'a faite pour des raifons qu'on mettra en avant au befoin. A l'égard des dépofitions faites contre les femmes, Genevieve Carnot s'y trouve la moins inculpée ; elle y paroît, *quoique Dragon*, comme une femme très-ordinaire qui alloit au gré du vent. Elle y paroît enfin comme ayant joué le même rôle de prefque toutes les femmes de la commune dans un efprit de fermentation & d'égarement.

D'après les informations prifes, & les témoins entendus, il en eft réfulté que Minary, Genevieve Carnot, & plufieurs autres femmes impliquées ont été incarcérées dans la maifon d'arrêt de Pontarlier, où ils ont refté, malgré leurs réclamations, jufqu'au moment où ils ont été trouvés dignes de profiter de la faveur d'une loi bienfaifante relative aux détenus. Chacun d'eux s'eft rendu dans le fein de fa famille. Tranquilles & paifibles, Minary & Genevieve Carnot, feulement ont été de nouveau réincarcérés à Pontarlier il y a environ huit jours : fe croyant pures & fans reproches, ils ont lieu de croire que c'eft encore pour le même fait. Transferés dans la maifon de juftice de Befançon, ils apprennent qu'ils font traduits au tribunal révolutionnaire.

Comme la défenfe eft du dernier droit de nature, les prévenus ont penfé qu'il leur étoit permis de juftifier leur conduite.

La plainte dirigée par Chambart, & l'information faite fur les lieux du délit, conftatent évidrmment des faits ; mais il importe aux deux prévenus de faire connoître les motifs déterminans qui ont précédé & accompagné ces faits.

Chambart a prétendu que les mauvais traitemens par lui éprouvés, provenoient purement d'avoir renverfé la croix dont on a parlé, parce qu'il a voulu colorer cette affaire d'un grand fanatifme. La preuve du contraire eft acquife par le fait même. Lorfqu'il renverfa la croix & mutila le Chrift, en proférant des propos deshonnêtes, fur-tout à caufe des citoyennes qui l'écoutoient, on ne lui a rien dit; il a continué fon chemin. Mais probablement peu content de n'avoir pu exciter du trouble, il a retourné fur fes pas en menaçant de rafer & brûler le village. Dès ce moment, il s'eft rendu provocateur. Il a donné de la fermentation, il a animé les paffions. C'étoit de fa part le plus fûr moyen d'exciter du trouble, fur-tout dans un fexe naturellement foible & craintif. On eft forcé de dire qu'il eft d'autant plus répréhenfible qu'il n'ignoroit pas que dans le courant de l'année derniere, quelque scélérat mît le feu en deux endroits à la fois, dans un tas de foin, au milieu du village, qui est composé de quatre cents feux, dont les maisons sont serrées & couvertes en bois.

Voilà le crime des femmes agitées par la crainte des menaces du feu, & non par le renversement de la croix, comme l'à fait entendre Chambart. Ces malheureuses victimes craignoient de voir se renouveller un incendie qui faillit les consumer & leur peu de fortune (1).

Les motifs déterminans de la scéne sont bien d'une autre nature que ceux allégués par Chambart pour pallier son dessein, au moins d'une impudeur que rien ne peut justifier pas même l'etat d'yvresse dans lequel il étoit dit-on lors de ses extravagances.

L'opinion publique, mais prononcée tout bas, place Chambart dans la classe des Hébert & des tyrans Robespierre, parce qu'elle a une intime

---

La Commune de Levier, n'offre aucune ressource dans le commerce; la fortune des habitans consiste dans les granges, fruit de l'agriculture, (voilà la crainte du feu).

convention de ses accaparemens & de son agiotage, de son amour pour un vil métal (l'argent) & de son mépris pour le papier-monnoye & républicain (1).

Sur le civisme des Habitans de la Commune de Levier.

Ils furent les premiers qui abdiquerent au culte erronné & fabuleux, pour adopter celui de la raison.

Ils furent les prmiers qui renvoyerent leur charlatan (le Curé.) Minary, détenu, fut le premier vôtant.

Ils furent les premiers qui détruisirent tous signes extérieurs du fanatisme & de l'hypocrisie.

Ils n'ont cessé enfin de combattre la malveillance, de déjouer l'intrigue des traîtres de la petite Vendée, & de donner des preuves constantes de leur attachement sincère & en tout genre à leur mère-patrie.

---

(1) *Des renseignemens sur ce fait pourroient être pris à la Douane de Jougne, département du Doubs, où plusieurs fois on lui arrêta du numéraire.*

Genevieve Carnot & Minary détenus en sont du nombre, & réclamés comme tels. Ce denier offre les preuves complettes de son patriotisme, par les délibérations en forme signées & scélées, prises par la municipalité dont il faisoit partie, qui attestent son patriotisme. L'opinion publique (souverain juge) est en faveur des deux détenus, & absolument contre Chambart à cause de sa conduite indépendante de celle qu'il a tenue à Levier.

Lorsqu'il fit jactance d'un républicanisme affecté, c'étoit une preuve qu'on devoit redoubler de surveillance sur son compte. Car qu'avoit-il besoin d'aller dans une Commune considérable & tranquille, essayer d'y faire répandre des flots de sang! Lorsqu'avec raillerie & ostantation il fit le pari de renverser une croix restée par oubli, négligence ou par motifs de raison locale. Il devoit laisser ce soin aux autorités constituées. Il avoit seulement le droit de dénoncer ces dernieres. Mais alors il n'y avoit ni loi ni arrêté même qui l'ordonnassent. Il est plus que probable que la Commune de Levier, sur-tout d'après ce qu'on vient de dire, n'attachoit aucun motif de fanatisme à cette croix semblable à une pierre brute. Il est acquis au procès & confirmé dans l'esprit public, que Chambart, comme perturbateur, comme agitateur, provocateur de trouble & incendiaire, contre l'esprit des loix & du sage législateur, est plutôt dans le cas d'être traduit au Tribunal Révolutionnaire, que les infortunés & innocens détenus. Car ils demandent avec confiance comment & pourquoi ils sont de nouveau arrêtés & emprisonnés, quand les premiers agresseurs sont libres & tranquilles ?

Minary, membre individuel de sa commune, est-il seul l'auteur des troubles ? a-t-il pu les empêcher ? un excellent républicain, un agriculteur peut-il être puni pour les autres ?

Genevieve Carnot, moins coupable que les autres, doit-elle être punie pour celles qui l'ont été chercher & accompagnée ?

S'il existe des torts par rapport à la croix, la municipalité en masse doit les expier. S'il en existe à cause des menaces & mauvais traitemens, ils doivent être supportés par la masse des femmes craintives & égarées.

Nous sommes dans un temps prospere lumineux & fraternel : l'intrigue est déjouée, le conspirateur est tombé sous le glaive de la loi. La justice Nationale ne cherche pas le coupable dans l'innocent mais l'innocence dans le coupable. Elle sait qu'il est aussi juste de sauver l'opprimé, comme il est équitable de punir le coupable. Elle ne permettra pas que deux innocens pere & mere de famille nombreuse, restent plus long-temps captifs & victimes de la calomnie, de la malveillance ou de l'erreur.

C. A. MINARY.

G. CARNOT, femme Maire.

A Besançon, de l'Imprimerie de CHARMET,

178

www.ingramcontent.com/pod-product-compliance
Lightning Source LLC
Chambersburg PA
CBHW060900050426
42453CB00011B/2054